Entwicklung zur Sexualität

Begleitende Erziehung und Aufklärung

In der Reihe GESUNDHEITSPFLEGE *initiativ* sind bisher folgende Bände erschienen:

Band 1: Michaela Glöckler
Lebenskrisen als Zukunftschancen
ISBN 3-932161-00-9

Band 2: Volker Fintelmann
Von der Kunst alt zu werden
ISBN 3-932161-01-7

Band 3: Mathias Wais
Über den roten Faden im Lebenslauf des Menschen
ISBN 3-932161-02-5

Band 4: Michaela Glöckler
Die Biographie des Menschen und ihre geistigen Gesetze
ISBN 3-932161-03-3

Band 5: Henning Köhler
Der Mensch im Spannungsfeld zwischen Selbstgestaltung und Anpassung
ISBN 3-932161-04-1

Band 6: Hans-Werner Schroeder
Die Bedeutung der Angst und des Bösen im Lebenslauf
ISBN 3-932161-05-X

Band 7: Michaela Glöckler
Vom Wirken der Engel im menschlichen Leben
ISBN 3-932161-06-8

Fortsetzung Seite 52

Mathias Wais

Entwicklung zur Sexualität

Begleitende Erziehung und Aufklärung

GESUNDHEITSPFLEGE initiativ

Die Deutsche Bibliothek – CIP-Einheitsaufnahme
Wais, Mathias: Entwicklung zur Sexualität
Esslingen: GESUNDHEITSPFLEGE initiativ, 1997
ISBN 3-932 161-12-2

Schriftenreihe GESUNDHEITSPFLEGE initiativ Band 12

ISBN 3-932 161-12-2

Herstellung: Gaiser Offsetdruck & Informations-GmbH, Schwäbisch Gmünd

Inhalt

Unser Thema hat verschiedene Aspekte. Zunächst wird zu fragen sein, was in diesem Zusammenhang normal ist. Womit hat man hier zu rechnen? Dann wird zu betrachten sein, wie man mit den sogenannten Doktorspielen umgehen kann. Und schließlich ist die Frage einer geeigneten Form der Aufklärung in den verschiedenen Entwicklungsphasen angesprochen.
Damit ein Gesamtbild der diesbezüglichen Entwicklung entstehen kann, möchte ich den Bogen spannen vom Säuglingsalter bis zum Jugendalter.

I

Um die Bedeutung des Geschlechtlichen bzw. des Interesses am Geschlechtlichen im Rahmen des kindlichen Entwicklungsganges zu verstehen, wollen wir von der Frage ausgehen: In welchem Verhältnis steht der junge Mensch in den verschiedenen Lebensaltern zur Welt? Und welche Entwicklungssituationen sind das, in denen die Sexualität bzw. die Frage danach überhaupt eine Rolle spielt?

Dazu stellen wir zunächst fest: Das kleine Kind ist mit seiner Welt, den Menschen seiner Umgebung, den Naturgegebenheiten, den Wohnverhältnissen usw. intuitiv, ganz vom Gefühl her verbunden, ist fast eins damit. Es steht damit in einem elementaren, vertrauensvollen Miterleben in den Weltvorgängen mittendrin. Dies beinhaltet Verstehen, geht aber tiefer als Verstehen und bleibt unterhalb der Bewußtseinsschwelle; man kann es vielleicht als Mitschwingen bezeichnen.

Seelisch gesehen, d. h. wenn wir auf die Art der Weltzuwendung des Kindes im ersten Jahrsiebt blicken, ist es männlich und weiblich zugleich. Denn es verfügt über zwei grundlegende Arten auf die Welt zuzugehen: Es kann gezielt und unbefangen an die Erscheinungen herangehen, zupacken und anfassen, ganz ungeniert; das können wir die männliche Geste nennen. Und es verfügt auch über die staunende, sich öffnende, tiefaufnehmende Geste; das können wir die weibliche Geste nennen. Das gefühlsmäßig noch ganz mit der Welt verbundene Kind hat insofern also die männliche und die weibliche Geste gleichzeitig. Damit ist dem Kind eine seltsame Überlegenheit und Ruhe im Verhältnis zur Welt

gegeben, die wir Erwachsene vielleicht erst wieder im Alter erreichen. Insofern es also sowohl männlich wie weiblich zur Welt steht, ist das Kind seelisch geschlechtsfrei.
Es ist auch insofern geschlechtsfrei, als die inneren Fortpflanzungsorgane ja erst ab der Pubertät funktionsfähig werden. – Schließlich ist es aber auch geschlechtsfrei insofern, als es ein sexuelles Bedürfnis, das auf andere Menschen gerichtet ist, beim Kind nicht gibt, wie gleich zu zeigen ist.
Was beim Kind als sexuelle Betätigung auftaucht, gehört in den Rahmen des unbefangenen, liebenden und staunenden Interesses an der Welt. Ein Teil dieser Welt ist eben der eigene Körper samt den Empfindungen, die man damit haben kann, und der natürlich untersucht werden muß wie andere Teile der Welt auch.

Betrachten wir zunächst einfach die Äußerungen dieses hingebenden Interesses beim Kinde für diesen Teil der Welt, der mit der Geschlechtlichkeit zu tun hat.

So wie das Kind seinen kleinen Zeh oder seinen Bauchnabel ausgiebig untersucht und befingert, so wird es natürlich auch seine Scheide oder sei-

nen Penis untersuchen. Die Beschäftigung mit dem eigenen Geschlechtsteil ist anderen Spielen und Untersuchungen am und mit dem eigenen Körper gleichzusetzen. Auch Freude am Zeigen und Entblößen ist ja normal und sinnvoll. Hier können die Eltern ruhig mitspielen: Seien Sie freudig überrascht, wenn der kleine Junge sein Hemdchen hochhält und Ihnen seinen „Schniedel“ zeigt. – Oft nehmen erst wir Erwachsene diesen Spielen die Harmlosigkeit, indem wir irgendwie übertrieben reagieren – durch Schimpfen oder gar Strafen oder auch durch eine Aufmerksamkeit weckende übertriebene Freude. – Auch das peinlich berührte Übersehen von solchen Spielen und Untersuchungen am eigenen Körper ist nicht angebracht. Versuchen wir doch einfach, uns mit dem Kind zusammen darüber zu freuen, daß es in dieser Welt seinen Körper gibt und daß dieser eine Scheide bzw. einen Penis hat. – Ein Kind muß also spielen dürfen mit seinem ganzen Körper.
Erektionen beim Säugling, auch bei etwas älteren Kindern sind reflektorisch, sie sind natürlich von angenehmen Gefühlen begleitet. Man wird sie geschehen lassen, aber nicht besonders beachten. Lassen wir den Säugling ruhig an seinem eri-

gierten Penis spielen, wir Erwachsene sollten ihn in diesem Zusammenhang aber nicht berühren. Wir sollten auch nicht beunruhigt sein, falls mit vier oder fünf Jahren phasenweise eine regelrechte Selbstbefriedigung auftritt. Sie ist harmlos, man wird sie gewähren lassen, man wird nichts aufbauschen. Das gedankenverlorene Spiel am eigenen Geschlechtsteil ist nicht dramatischer, als wenn das Kind in der Nase bohrt. – Wenn wir es nicht dramatisieren, dann hört es nach ein paar Wochen wieder auf.

Charakteristischerweise tauchen diese Phasen von Selbstbefriedigung in einer Entwicklungssituation auf, in der das Kind erstmals etwas herausfällt aus der eingangs beschriebenen unmittelbaren Verbundenheit mit der Welt, hier der mitmenschlichen Welt. Mit ca. fünf Jahren entwikkelt das Kind ein Bewußtsein von der prinzipiellen Verschiedenheit von Mutter und Vater, ein erstes Bewußtsein von männlich und weiblich entsteht. Mutter und Vater waren bis dahin zwei Personen, die eine Einheit, eine Art Urhülle bildeten. Jetzt differenziert sich diese Einheit, und die Polarität der beiden Ur-Personen wird erlebt. Natürlich weiß das Kind auch schon vorher, daß es

Frauen und Männer gibt. Aber dieses Wissen wird noch nicht relevant im Umgang mit konkreten Personen. So konnte ein Vierjähriger seine Oma fragen: „Oma, bist du ein Junge oder bist du ein Mädchen?“ Als Sechsjähriger könnte er das nicht mehr fragen.

In Zusammenhang mit diesem ersten Bewußtsein der Unterschiedlichkeit und der Polarität der Geschlechter tauchen also Selbstbefriedigung und dann vor allem auch die Doktorspiele auf. Ein Interesse am Geschlechtlichen tritt also da auf, wo die unmittelbare Verbundenheit mit der Welt erstmals nachläßt, wo Bewußtsein in das Verhältnis zu den Menschen kommt, wo die familiäre Urhülle sich in zwei verschiedene Teile differenziert. Dadurch ist beim Kinde eine erste Aufmerksamkeit auf sich selbst und damit auf die eigene Geschlechtszugehörigkeit gegeben. In diesem Erlebniszusammenhang wird das, was mit Geschlechtlichkeit zu tun hat, erstmals interessant und läßt erste Fragen entstehen. Aber das Kind hat in diesem Zusammenhang noch keineswegs Gedanken oder Empfindungen, die man als „sexuell“ bezeichnen könnte. Vielmehr geht es hier um zwei Arten des Menschseins, deren Unterschiede und deren Verbindbarkeit das Kind interessieren.

Auch die Doktorspiele, die in diesem Alter auftauchen, sind zunächst einmal harmlos, denn so, wie das Kind die Welt untersucht, untersucht es eben auch den Körper der Spielkameraden; das m u ß sein. Wenn man diese Doktorspiele ebenso dezent wie genau beobachtet, dann sieht man: sie beziehen sich selten n u r auf die Geschlechtsorgane, sondern im Gegenteil versucht das Kind gerade die natürliche Einordnung der Geschlechtsorgane in das Ganze des Körpers nachzuvollziehen. Hier kann es nur darum gehen, das Kind dabei in Ruhe zu lassen.

All dies hat nichts mit Sexualität zu tun, denn diese Betätigungen und Untersuchungen sind niemals begleitet von einem sexuellen Begehren, d. h. von dem dringenden Bedürfnis, körperliche Lust oder Entspannung im Zusammenhang mit einem anderen Menschen zu erleben. Diese „sexuellen" Betätigungen des Kindes sind niemals auf jemanden gerichtet, auch nicht in der Phantasie. Das onanierende Kind phantasiert nicht eine sexuelle Handlung mit einem anderen Menschen.

Doktorspiele sind also zunächst harmlos. Sie richten sich nicht auf bestimmte Personen, auch nicht auf die Person des Spielkameraden, sondern auf den menschlichen Körper an sich.

Sigmund Freud hat ja im Gegensatz zu dem hier Gesagten von der frühkindlichen Sexualität gesprochen und aufgezeigt, daß das Kind mit dem Mund, mit dem After und im Zusammenhang mit dem Wasserlassen Lustgefühle erlebt und auch sucht. – Dies kommt tatsächlich auch im Rahmen der normalen Entwicklung vor, es hat aber nichts mit Sexualität zu tun. Denn die Betätigungen, die Freud hier meint, haben keinen Begierdencharakter, sie sind nicht auf andere Personen gerichtet; sondern das Kind macht hier lediglich die vorübergehende Erfahrung, daß es durch Lutschen oder Saugen mit dem Mund, durch Einführen eines Fingers oder von Gegenständen in den After und durch gezieltes Pinkeln angenehme Empfindungen haben kann.

Aber wenn in einem Ratgeber zum Thema kindliche Sexualität ein ganzes Kapitel über den Schnuller geschrieben wird, so handelt es sich eindeutig um ein Mißverständnis: Der Säugling, der stundenlang am Schnuller lutscht, treibt eben nicht „orale Sexualität", und der Junge, der sich mal einen Finger in den After steckt und dabei reflektorisch eine Erektion hat, treibt nicht „anale Sexualität".

Ein normal entwickeltes Kind sucht niemals nach sexuellen Reizen. Aber eben dies kennzeichnet die Erwachsenensexualität. Ein Kind ist nicht ansprechbar durch Busenblätter an den Kiosken. Wenn ein Kind der Mutter an die Brust greift oder an den Schamhaaren zupft, so ist das nicht der Beginn seiner Karriere als Sexualverbrecher, sondern es ist Ausdruck des berechtigten Interesses des Kindes an der Welt.
Die Sexualität des Erwachsenen ist immer auf andere Menschen bezogen, dies kann sich natürlich auch nur in der Phantasie abspielen. All dies aber verbindet ein Kind nicht mit dem Anfassen und Untersuchen von Geschlechtsteilen.

Fassen wir zusammen: Es gibt bei ungestörter Entwicklung keine eigentliche kindliche Sexualität. Es gibt Untersuchungen des eigenen Körpers, des Körpers der Eltern und der Spielfreunde. Es gibt natürlich Körpererfahrungen, die später in das Se-

xualleben aufgenommen werden, und es gibt selbstverständlich ein großes Bedürfnis des Kindes nach Zuwendung, Liebe, Zärtlichkeit und Schmusen. Dies alles ist aber kein sexuelles Bedürfnis.
Das Problem, das hier vorliegt, besteht offenbar einfach in einem Mißverständnis zwischen den Erwachsenen und dem Kinde: Der Erwachsene faßt hier etwas als sexuell auf, was nicht sexuell gemeint ist. Er bezieht es auf s e i n e Welt, anstatt auf die Welt des Kindes, innerhalb deren es ja geschieht.

Spätestens mit sieben Jahren, meist schon mit vier oder fünf Jahren, treten von alleine Schamgefühle auf. Besonders die Mädchen wollen jetzt ein Höschen anziehen und vor allem vor Fremden nicht mehr nackt herumlaufen. Man braucht dem Kind das Schamgefühl nicht anzuerziehen. Es kommt unter Garantie von allein. Lassen Sie auch dies in Ruhe geschehen. Warten Sie es ab. Eine Erziehung zur Schamhaftigkeit ist überflüssig.

Man wird andererseits zur Nacktheit und zur Befassung mit dem eigenen Körper nicht auffordern. Man wird nicht das Kind auffordern, seine Geschlechtsteile zu untersuchen. Man wird auch nicht, wie in einem Ratgeber zu lesen war, das Kind zur Onanie auffordern. Das Kind muß s e i n e Intimsphäre entwickeln können. Es braucht dazu in keiner Weise Anregungen von außen.

II

Damit sind wir bei der Frage der geeigneten Form der Aufklärung.

Für das erste Jahrsiebt bzw. für das Kindergartenalter gilt die Regel: Entsprechende Fragen des Kindes sind selbstverständlich zu beantworten, und zwar mit größter Ernsthaftigkeit. Die Eltern sollten das Thema aber nicht von sich aus ansprechen. – Für die Fragenbeantwortung selbst gilt die Regel: Die Fragen sind nicht in erster Linie naturalistisch zu beantworten, sondern es sind „Seelenbilder" zu geben. – Ein Beispiel ist die Frage nach der Herkunft. Es kommt sehr darauf an, hier genau hinzuhören, was das Kind wirklich fragt. Die Frage „Wo bin ich hergekommen?" oder „Wo kommen die Kinder her?" ist nämlich nicht sexuell-körperlich gemeint, sondern umfassender seelisch-geistig. Eine Antwort, die nur den körperlichen Vorgang darstellen würde, wäre für das Kind enttäuschend. Vielmehr möchte das Kind wissen, woher komme *ich*, wo kommt mein *Ich* her? Mit anderen Worten: Wo war ich vorher? Dies ist eine Frage nach dem geistigen Ursprung des Menschen, um den das Kind intuitiv durchaus noch weiß. Die richtige Antwort ist deshalb ein Seelenbild, ein Bild, das seelische Nahrung enthält und dem Kind das Geahnte bestätigt. Ein Beispiel kann sein: „Weit in den Wolken gibt es eine große Wiese, wo du zusammen mit vielen anderen Menschen gelebt hast. Eines Tages hat der liebe Gott dich gerufen und dich in den Bauch der Mutter geschickt, damit du dort geschützt und warm wachsen konntest, denn Mutter und Vater wollten gern ein Kind haben. Eines Tages warst du so groß, daß es dir in dem Bauch zu eng wurde, du wolltest heraus. Da hat die Mutter dich herausgelassen, dich warm eingepackt, dir warme Milch gegeben und dich in die Wiege gelegt.“ – Eine solche oder ähnliche Antwort ist keine Lüge, wie man etwa vorhalten könnte, sondern ich nehme hier das Kind mit einer solchen Antwort sehr ernst, weil ich damit auf *seine* Welt, *seine* Art zu denken und zu erleben, eingehe. Würde ich naturalistisch antworten auf die Frage nach der Herkunft – „Vaters Penis war steifgeworden, er steckte ihn in die Scheide der Mutter und gab ihr eine Flüssigkeit, die vermischte sich mit einem kleinen Ei im Bauch der Mutter, und daraus bist dann du entstanden" – so wäre das eine Antwort aus der Erwachsenenwelt, und zwar aus einer sehr materialistisch eingestellten Erwachsenenwelt.

Man wird hier also Antworten geben, in denen das Kind den seelisch-geistigen Hintergrund seines Auf-der-Erde-Seins erleben kann. Man braucht deshalb die körperlichen Vorgänge nicht zu verschweigen, sie sind aber zweitrangig in diesem Zusammenhang und sollten auf keinen Fall detailliert beschrieben werden. So wird man z. B. von den die Geburt begleitenden Schmerzen und Wehen nichts sagen.

Oder, wenn ein Kind bemerkt, daß die Mutter regelmäßig blutige Binden wegpackt, so wird man im Fall der Frage nach dem Blut keine naturalistische Antwort geben, sondern etwa folgendes Bild: „Mamas Bauch reinigt sich mit dem warmen Blut, weil die Höhle immer sauber und weich bleiben soll, in der du gewachsen bist."

Auch über die anderen Einzelheiten wie die Ejakulation, Erektion der Brustwarzen usw. wird man dem Kind keine detaillierten Informationen vermitteln. Kinder können mit solchem sogenannten „Wissen“ nichts anfangen. Es gehört nicht in ihre Welt. Sie werden solche naturalistischen Antworten in einem tieferen Sinne gar nicht verstehen. Sie werden es zu verarbeiten versuchen durch das T u n , durch das Nachspielen, und der Erwachsene hat dann den Eindruck, daß das Kind sexuelle Handlungen ausführt.

Damit hier kein Mißverständnis entsteht: Ich bin nicht der Meinung, daß ein Kind im Kindergartenalter über die Vorgänge der Zeugung und die Möglichkeiten der Sexualität Bescheid wissen muß. Wenn es aber fragt, weil es z. B. miterlebt, wie ein Geschwisterkind ankommt, sollten wir ihm in altersangemessener Weise – und das heißt eben im ersten Jahrsiebt in Bildern – antworten. Andererseits bin ich wohl der Meinung, daß schon das Kindergartenkind klare Begriffe für die Geschlechtsorgane haben sollte und daß es in dem Erleben aufwachsen sollte, daß es sich hier um Dinge handelt, über die man mit den Eltern unbefangen sprechen kann.

Die natürlichste Aufklärung ist ja gegeben, wenn Geschwisterkinder beiderlei Geschlechts da sind und die Geschwister unter sich frei über ihre Leiblichkeit sprechen und diese gegenseitig spielerisch kennen lernen können. So entsteht eine sehr natürliche und auch unbefangene Haltung der eigenen Leiblichkeit gegenüber.

III

Ganz anders sind Aufklärungsfragen zu beantworten, die um das neunte Lebensjahr herum auftreten. Im neunten Lebensjahr tritt ja wiederum eine leise Distanz auf im Verhältnis des Kindes zur Welt: Eltern und Lehrer und Welt werden jetzt manchmal als fremd und rätselhaft empfunden. Das Kind steht nun nicht mehr so fraglos inmitten der Erscheinungen selbst, sondern außerhalb und betrachtet sie kritisch. Die Möglichkeit, daß die unbeschwerte Kindheit einmal vorbei sein könnte, taucht auf.

Zweifel an der natürlichen Autorität von Eltern und Lehrern werden erlebt. Manche Kinder befassen sich jetzt vorübergehend sogar mit dem

Tod. – Charakteristischerweise ist auch dieser Riß von einem Aufleuchten des Interesses am Geschlechtlichen begleitet. Dabei geht es in diesem Alter im wesentlichen um die Herkunftsfrage, nun aber mit einem ganz anderen Akzent: Das Kind kann in dieser Lebensphase charakteristische Findelkindphantasien haben. (Ich stamme von meinen Eltern gar nicht ab, vielmehr stamme ich von Zigeunern oder Adeligen oder Rittern ab, ich wurde ausgesetzt und von meinen Eltern gefunden). Diese Findelkindphantasie kommt häufig im Gewand einer scheinbar sexuellen Frage: „Wie kommt das Kind in den Bauch der Mutter?"

Hier wird Aufklärung weniger ein einmaliges Gespräch sein als eine Pflege des Bewußtseins vom Wachstum, vom Vergehen und wieder neuem Wachstum in der Natur. Auf diesem Hintergrund kann man dann aber durchaus auch eine realistische Darstellung des Zeugungsvorganges geben. Es sollte jedoch immer mitklingen der Hinweis auf die Herkunft des seelisch-geistigen Wesenskernes aus einer überirdischen Welt. Ein Beispiel: „Als wir die Aufgabe übernehmen durften, für dich deinen Leib entstehen und wachsen zu lassen, haben wir uns darüber sehr gefreut. Wir haben uns umarmt und liebkost, der Vater hat sein Glied in die Scheide der Mutter gleiten lassen, und in dem ganz engen Beieinandersein ist sein Samen in den Bauch der Mutter geströmt. Dort hat er sich mit einem kleinen Ei verbunden, und daraus ist dein Leib entstanden."

Man wird erleben, daß es dem Kind aber gar nicht so sehr um dieses eigentlich Sexuelle geht, wie wir Erwachsene das verstehen. Es sucht vielmehr im neunten Lebensjahr nach einer Lösung des Widerspruches, daß es sich einerseits als einzigartiges Wesen empfindet und andererseits leiblich von den Eltern stammt, also eine Art Fortsetzung der Eltern darstellt. Diese Spannung sollte man dem Kind auch nicht einfach nehmen wollen. Aus dieser Spannung heraus können manchmal auch Doktorspiele wieder kurz auftauchen. Und etwas Distanziertes, leicht Antipathisches gegenüber dem anderen Geschlecht bleibt nun zurück.

Ab jetzt werden nur noch gleichgeschlechtliche Freunde zum Geburtstag eingeladen. „Die Jungen sind alle doof."
Wir sehen also auch hier wieder, daß das Interesse am Geschlechtlichen neu auftaucht in Zu-

sammenhang mit einem weiteren Distanzierungsschritt gegenüber den Mitmenschen, mit denen man bis dahin viel selbstverständlicher verbunden war.

Nach dieser Phase versinkt das Interesse am Geschlechtlichen bis kurz vor der Pubertät.

IV

Mit zehn, elf Jahren dann spürt das Kind, daß es aus dem kindlichen Geborgen- und Getragensein allmählich herauswächst. Eine Vorahnung ist da, daß die Kindheit eines Tages zu Ende sein wird, daß man eines Tages der Welt alleine gegenüber stehen wird. Das Kind erlebt zunehmend, daß Inneres und Äußeres getrennt sind, daß das Innere am Äußeren nicht mehr erlebbar ist. Dies ist in diesem Alter – zwischen zehn und dreizehn – eine Entwicklungsaufgabe, Innenwelt und Außenwelt zu unterscheiden. Genau hier hat nun die Befassung mit dem Geschlechtsbereich eine wichtige Funktion: Die Kinder spüren, daß das Thema Sexualität diese Spannung zwischen Innerem und Äußerem enthält und greifen deswegen sexuellen „Stoff“ begierig auf (aber eben nicht zum eigenen Lustgewinn). Indem man sich teils provokativ, teils heimlichtuerisch, teils frech, teils schamhaft damit beschäftigt, experimentiert man in diesem Alter mit der Spannung von Innen und Außen, von Verborgen und Offen, von Privat und Öffentlich. Die scheinbar sexuellen Verbal-Provokationen ziehen etwas nach außen, was in den Intimbereich gehört. Das macht Spaß, läßt aber auch Scham und Schuld erleben, weil man weiß, daß es eigentlich in einen Innenbereich gehört. Scham und Schuld können jetzt empfunden werden, weil man erfährt, daß man nach außen etwas anderes tun kann, als was man nach innen tut.

Durch Scham und Schuld, durch schlechtes Gewissen, erlebt sich das Kind abgegrenzt, es erlebt sich dadurch als intimes Ich. In der Befassung mit dem „Schmutzigen“ bemächtigt sich das Kind spielerisch eines Bereiches, der „heimlich“ ist, der innen ist. Manche lügen und stehlen auch in diesem Alter, bilden heimlich Banden. Immer aber geht es darum, aktiv experimentierend umzugehen mit der Polarität von Zeigen und Verbergen, von Provozieren und Verheimlichen, von Innen und Außen. Es geht hier keineswegs um das

Ausleben sexueller Phantasien oder Bedürfnisse. Das Kind hat das Innere der Sexualität ja noch gar nicht. Das Thema ist ihm vielmehr Spielmaterial. – Eine entsprechend gelassene Haltung der Eltern ist angebracht.

V

Die schroffste Distanzierung und damit das schmerzlichste Verwiesensein auf sich selbst tritt dann in der Pubertät ein. Es ist der dritte Riß im Verhältnis zur Welt. Und hier, erst hier, taucht jetzt nicht nur erneut das Interesse am Geschlechtlichen auf, sondern die Sexualität selbst. Erst ab der Pubertät kann das Kind selbst sexuell empfinden.

Schon kurz vor der Pubertät spüren dann vor allem die Jungen, was auf sie zukommt, und beginnen recht ausgiebig zu onanieren – mit elf, zwölf Jahren. Spätestens zu diesem Zeitpunkt, besser noch vorher, sollten sie über die Möglichkeit des nächtlichen Samenergusses aufgeklärt sein – mit dem Hinweis, daß dies ein erfreuliches Zeichen ist, weil es bedeutet, daß sie nun bald Männer werden und somit eines Tages Väter werden können. – Entsprechend sollten Mädchen vor Eintritt der ersten Blutung über die Regel informiert sein mit dem entsprechenden Hinweis. Hier ist es besonders wichtig, die Angelegenheit nicht als notwendiges oder gar qualvolles Übel darzustellen, sondern als Zeichen der Vorbereitung und Fähigkeit zur Mutterschaft. Die Möglichkeit, daß Schmerzen damit verbunden sein können, sollte aber auch nicht verschwiegen werden.

Auch die Jungen sollten vor der Pubertät über die Blutungen der Mädchen unterrichtet sein, weil sie sich sonst in der Pubertät allen möglichen unsinnigen Phantasien darüber hingeben.

Eine weiter gehende Aufklärung vor und in der Pubertät – z. B. über Einzelheiten oder Variationsmöglichkeiten des Geschlechtsverkehrs oder auch über Details des Geburtsvorganges sollten nur auf gezieltes Befragen gegeben werden.

Solche Aufklärung sollte vor der Pubertät stattfinden, um der „Aufklärung durch die Straße" zuvor zu kommen. Die kommt sowieso. Dann ist es aber wichtig, daß das Kind nicht unvorbereitet damit konfrontiert ist. Denn was die Kinder hier prägt, ist die Haltung der Eltern zu diesem Thema, die sich ihnen zu Hause vermittelt. Unwürdiges, das die Kinder heute oft schon sehr früh auf der Straße, von älteren Geschwistern etc. aufnehmen, wird zwar nachgemacht, aber innerlich nicht angenommen, wenn die Kinder zu Hause eine würdige Haltung dem Geschlechtlichen gegenüber aufgenommen haben. Das imprägniert.

In der Pubertät also tritt der endgültige Riß ein im Verhältnis zur Welt, und er tritt auch ein im Verhältnis zur eigenen Leiblichkeit. Der Trieb taucht auf, bei Jungen direkter, mehr im Bewußtsein und mehr eingeengt und gebunden an das Geschlechtsorgan; bei Mädchen etwas allgemeiner, mehr als Zärtlichkeitsbedürfnis und mehr als Schwärmen.

Auf Onanie, die ja in der Pubertät besonders exzessiv auftreten kann, sollte man auf keinen Fall irgendwie strafend oder moralisierend reagieren. Sie ist ein Notbehelf, ein erstes Kennenlernen der eigenen Geschlechtsorgane und der Empfindungen, die damit zu erreichen sind. Der Jugendliche erlebt selbst die Vorläufigkeit dieser Sexualbetätigung.

Überhaupt kann man sich im Gespräch mit Pubertierenden über Sexualität alles Moralische einfach sparen. Vielmehr hilft es den Jugendlichen eher, wenn wir als Eltern öfter einmal beiläufig von unseren eigenen sexuellen Versuchen und Erfahrungen in diesem Alter erzählen. Eine Mutter könnte z. B. ihrer Tochter, die sehr betont ihre eben gewachsenen Brüste in einen engen Pullover einpackt, erzählen, wie sie selbst damals einerseits stolz war auf ihre Brüste, aber andererseits auch ein bißchen hilflos davor stand, weil sie nicht so recht wußte, was sie eigentlich damit machen sollte.

Sie brauchen auch nicht in Panik zu geraten, wenn Sie bei Ihrem Sohn ein Pornoheft entdekken. Bringen Sie zum Ausdruck, daß Sexualität für Sie eine Bereicherung der menschlichen Begegnung wurde und daß Sie diese Erfahrung auch Ihrem Sohn wünschen und daß Fotos von sexuellen Vorgängen das Wesentliche an der Sexualität, nämlich eben eine entscheidende Vertiefung menschlicher Begegnung zu sein, gerade nicht zeigen können.

VI

Es ist nun immer wieder ein Problem, ob man auch aufklären soll, wenn gar nicht gefragt wird. Man kann diese Frage nicht pauschal beantworten. Es kommt auf das Alter des Kindes und besonders auf seine seelischen Eigenarten an. Ich persönlich halte eine frühe Aufklärung für wichtig. Denn ich habe in meiner Arbeit auch viel mit Opfern von sexuellen Übergriffen zu tun. Eine wesentliche Vorbeugung dagegen ist eine frühe und klare Aufklärung, die sich nicht in Andeutungen ergeht, sondern die Dinge in kindgemäßer Weise beim Namen nennt.

Wenn absolut gar nicht nach dem Geschlechtlichen gefragt wird, könnte man ja versuchen, entsprechende Fragen anzuregen. Wenn in der Verwandtschaft oder Nachbarschaft z. B. ein Kind geboren wird, wäre das eine gute Gelegenheit, das Thema anzuschneiden. Oder man kann auch mal in einer ruhigen Situation, wenn man auch wirklich Zeit hat, sich mit seinem Kind zu unterhalten, das Kind direkt fragen: „Weißt du eigentlich, wie du auf die Welt gekommen bist?“ oder: „Jetzt möchte ich dir einmal erzählen, wie das war, als du auf die Welt gekommen bist." Und man würde dann nicht bei der Zeugung, sondern bei der Geburt anfangen, und dann erst das zeitlich Vorangehende ansprechen: „Und nun will ich dir noch erzählen, wie dein Leib in meinen Bauch gekommen ist." Machen Sie es sehr persönlich, erzählen Sie in einer der Altersstufe des Kindes angemessenen Sprache Ihre persönlichen seelischen und auch körperlichen Erlebnisse.

Die zurückhaltenden Kinder werden wahrscheinlich nicht viel dazu fragen oder sagen. Das ist auch nicht wichtig. Wichtig ist das Erlebnis, daß man darüber sprechen kann.

VII

Nach der Pubertät haben wir, was die Sexualerziehung betrifft, eine andere Situation als vorher: Der Jugendliche weiß jetzt selbst, wenn auch vielleicht erst ansatzweise, wovon die Rede ist, wenn man über Sexualität spricht. Eltern können jetzt Gesprächspartner sein, können für Diskussionen über Themen, die damit in Zusammenhang stehen wie Verhütung, Aids, Homosexualität etc. sich offenhalten. Aber erziehen im eigentlichen Sinne können sie jetzt nicht mehr. Die Jugendlichen sollten auf diesem Felde – meines Erachtens – sehr dazu ermuntert werden, ihre eigenen Wege zu finden und zwar in Ruhe. Weder der moralische Druck von zu Hause, noch der Erfolgsdruck von der Straße sind hilfreich, wenn es für einen jungen Menschen darum geht, individuell herauszufinden, was es bedeutet, ein sexualfähiges Wesen zu sein.

Die Eltern können sich hierfür wirklich nur als Gesprächspartner anbieten. Ob dieses Angebot angenommen wird, ist eine andere Frage. Es wird jedenfalls bestimmt dann nicht angenommen, wenn Sie den jungen Menschen zu irgend etwas bewegen wollen oder wenn Sie gar moralisierend auftreten. Letztlich können Eltern, wenn die Kinder sechzehn, siebzehn sind, hier nur loslassen. Die Pädagogik auf diesem Felde und in diesem Alter besteht darin, sich pädagogisch etwas zurückzuhalten. Die Jugendlichen sind über diese Dinge untereinander im Gespräch – das ist jetzt in dieser Altersphase das Prägendste. Wenn Sie als Eltern Vertrauen aufbringen in die Erziehung zur Sexualität, die Sie ihrem Kinde in den ersten beiden Jahrsiebten haben angedeihen lassen, ist dem Kinde am besten geholfen. Diese Erziehung konnte ja nicht das Ziel haben, daß der Jugendliche pünktlich zu seinem 14. Geburtstag eine fertige, „richtige“, „gute“ Sexualität hat – was wäre das auch? Sondern Ziel der vorausgegangenen Erziehung zur Sexualität war, daß sich der junge Mensch zunehmend selbständig, d. h. zunehmend ohne die Eltern mit diesem Lebensgebiet auseinandersetzen kann. Der Jugendliche ab fünfzehn fängt damit an. Und wann eigentlich ist man damit fertig? Ist es wichtig, damit „fertig“ zu sein? Sind wir Erwachsenen damit fertig?

Gestehen wir also den Jugendlichen diesbezüglich Unfertigkeit zu. Damit nehmen wir sie noch am ehesten ernst. Und tun wir nicht so, als wüßten wir diesbezüglich alles viel besser. Vermitteln wir den jungen Leuten, daß auch für uns Erwachsene Sexualität zeitlebens ein Lernfeld ist. Das hilft, daß sie uns ernst nehmen, daß sie sich überhaupt etwas sagen lassen.

Man hat jetzt also Gesprächspartner vor sich, nicht mehr Kinder, und die Frage taucht auf, wie kann man mit Jugendlichen über Sexualität sprechen? – Der letzte Teil meiner Ausführungen ist an die jungen Leute selbst gerichtet und soll Eltern eine Orientierung darüber geben, welchen Tenor solche Gespräche haben könnten.

Es erscheint mir zunächst wichtig, daß wir Erwachsene solchen Fragen nicht ratgebend oder gar Tips gebend begegnen, sondern daß wir versuchen, die jungen Leute zu einer interessierten Haltung solchen Erfahrungen gegenüber zu ermutigen. Sexualität ist ja ein immerwährendes Lernfeld. Es ist nicht etwas, wo es klaren Konsens gäbe, den man irgendwann „hat". Was Sexualität uns bedeutet und wie wir sie handhaben – das ändert sich im Laufe des Lebens; und es ändert sich suchend. Diese Suchhaltung hängt damit zusammen, daß die Sexualität nicht mehr nur der Fortpflanzung dient. Sexualität ist Teil des liebenden Interesses an einem anderen Menschen. Ihr „Begegnungswert" liegt in ihrer Individualisierbarkeit und ist damit abhängig von der Akzeptanz der Verschiedenartigkeit der Individuen.

Sexualität ist meines Erachtens ein menschliches Lernfeld. Sie ist nicht etwas, wo alles klar ist. Ausgangspunkt dafür, daß wir hier ein Lernfeld haben, ist nun der, daß Frau und Mann Sexualität unterschiedlich erleben.

Dies führt zu einer ersten Behauptung: Weibliche Sexualität ist etwas anderes als männliche Sexualität. – Wie ist das gemeint? Es scheint so, daß bei den Jungen dieser neue Lebensbereich der Sexualität viel drängender und schärfer ins Bewußtsein tritt als bei Mädchen. Und zunächst bleibt das auch so. Auch für Männer steht das sexuelle Bedürfnis zunächst bedrängender im eigenen Bewußtsein, als das bei Frauen der Fall ist. Das sexuelle Bedürfnis selbst und auch das sexuelle Erleben, wenn man miteinander schläft, ist bei Männern zunächst einmal schärfer eingegrenzt, schärfer konzentriert auf das eigene Geschlechtsorgan. Das erregte männliche Glied kann mit Macht nach seiner Befriedigung verlangen. – Ganz anders scheint es bei vielen Mädchen und Frauen zu sein. Hier erscheint das sexuelle Bedürfnis wie ausgebreitet auf den ganzen Körper; das gezielt auf Befriedigung an dieser einen Stelle drängende Verlangen, wie das beim Mann der Fall ist, steht hier offenbar nicht im Vordergrund, statt dessen richtet sich bei Mädchen und Frauen das Verlangen zunächst auf

Zärtlichkeit, Anschmiegen, Liebkosen, auf Verschmelzen der beiden Körper als ganzer.

Es hängt mit diesem grundlegenden Unterschied zusammen, daß Jungen und Männer offenbar wesentlich häufiger überhaupt an Sexualität denken, sich innerlich mit sexuellen Vorstellungen beschäftigen, als das bei Mädchen und Frauen der Fall zu sein scheint.

Es ist dies natürlich eine Quelle zahlreicher Mißverständnisse: Das gezielte, an einer Stelle des Körpers drängende Bedürfnis wird von Jungen und Männern oft auch so drängend in die körperliche Begegnung eingebracht und kann dann von der Partnerin als bedrängend, zudringlich, manchmal sogar auch beängstigend oder verletzend erlebt werden. – Von hier aus auch erklärt sich die Versuchung, der jeder Mann immer wieder ausgesetzt ist, in der Sexualität etwas Besitzergreifendes auszuüben, mit der Sexualität bedrängen zu wollen, ja vielleicht auch einschüchtern zu wollen. Im Geschlechtsverkehr selbst richtet sich der männliche Trieb nur darauf, in einer lustvollen Entspannung einen Orgasmus zu haben. Das ist das, was die Natur, die reine Biologie dem Mann nahelegt. Der Trieb der Frau dagegen scheint sich im Geschlechtsverkehr zunächst auf etwas ganz anderes zu richten: Auf eine den ganzen Körper ergreifende Erschütterung und das Verströmen zum Partner hin. Damit hängt es wohl zusammen, daß viele Frauen berichten, daß besonders bei ihren ersten Erfahrungen ihnen das männliche Verhalten irgendwie fremd vorkam, ja manchmal eben sogar beängstigend. Und umgekehrt kann für einen Mann die oft zurückhaltendere oder einen längeren Vorlauf brauchende Art der Partnerin als Zögern oder „Nicht-recht-Wollen" erscheinen.

So ist Sexualität ein Gebiet, auf dem man sehr viel über sich selbst als Mann oder Frau und über seine Einseitigkeiten lernen kann. So kann man als junger Mann erstaunt sein, wie faszinierend ungeschickt man sich eigentlich anstellen kann, wenn die eigene Sexualität so ungeduldig drängt.

Manche jungen Männer berichten, daß sie bei sich selbst feststellen, wie sie Erregendes sehen möchten, wie sich das eigene Aufmerksamkeitsfeld so einengen kann, daß man an seiner Freundin nur noch die Brüste sieht, und wenn es ernst wird, den Menschen, der dazu gehört, irgendwie ganz vergißt. Und man kann als junger Mann auch überrascht sein, daß Mädchen das Entsprechende gar nicht suchen, sondern daß Mädchen sich lieber zärtlichen Vorstellungen hingeben, statt Geschlechtsorgane anzustarren. Wenn überhaupt, wollen Mädchen offenbar den ganzen Körper sehen und können männliche Geschlechtsorgane eher amüsiert betrachten. Oder wenn sie es erregend finden, dann aber auf dem Hintergrund, daß sie den ganzen Menschen sehen.

Mädchen machen sehr oft die Erfahrung, daß es beim ersten Mal oder bei den ersten Malen gar nicht schön ist, mit einem Jungen zu schlafen. Es kann weh tun oder auch einfach ziemlich unromantisch sein, wenn der Partner zu ungestüm ist oder sich ungeschickt anstellt. Der Junge ist dann oft schon fertig, wenn das Mädchen gerade erst sich auf die Situation eingelassen hat.

Und beide machen die Erfahrung, daß es sehr schwer fällt, über die anfänglichen Mißverständnisse, die manchmal auftreten, sich auszutauschen.

Ein weiterer Unterschied in der männlichen und weiblichen Empfindung liegt darin: Viele Frauen beschweren sich darüber, daß ihr Partner die Angelegenheit für beendet hält, wenn er zur Befriedigung gekommen ist. Für eine Frau scheint das geradezu ein Greuel zu sein, dieser für sie abrupte Abbruch. Mädchen sind nach dem Verkehr seelisch sehr wach, sehr offen, sehr aufnahmebereit. Männer machen dann innerlich oft zu, manche schlafen dann auch einfach direkt ein. – Ich glaube, daß die ersten Versuche, die man als junger Mensch miteinander macht, schön sind dann, wenn man es hinterher gemeinsam ruhig ausklingen lassen kann. Die Schönheit des erotischen Erlebnisses hängt nicht davon ab, wie schnell oder wie eindrucksvoll ein Junge oder ein Mann in Erregung kommt, sondern davon, wie ruhig man es hinterher gemeinsam ausklingen lassen kann. In diesem Ausklingen-lassen kann mehr Gemeinsamkeit liegen als in allem, was davor war.

Und dann noch ein Unterschied: Für eine Frau scheint es meist nicht so absolut wichtig zu sein, daß sie möglichst schnell zu einem Höhepunkt kommt, und viele Frauen erzählen auch, daß es ihnen gar nicht wichtig ist, ob sie überhaupt zu einem Höhepunkt kommen. Ihnen kommt es mehr auf die Atmosphäre, auf die seelische Stimmung an, in der man schmust und Zärtlichkeiten austauscht. Ein junger Mann kann oft fast Angst haben vor den ersten Versuchen, weil er sich vielleicht nicht sicher ist, ob er halten kann, was er verspricht. Junge Frauen schätzen das oft gar nicht so, wenn sie, statt mit einem liebenden und zärtlichen jungen Mann, einfach nur mit einem stolz und fordernd erregten Glied konfrontiert werden.

Und noch ein Unterschied: Die Notlösung, daß man sich sexuell mit sich selbst beschäftigt, ist wesentlich häufiger bei Jungen als bei Mädchen. Jetzt sollen die Mädchen daraus aber nicht den Schluß ziehen, daß die Jungen hierin alle unsauber sind und sie selbst irgendwie makellos rein seien. Es ist eben recht leicht, in dieser Hinsicht makellos rein zu sein, wenn das sexuelle Bedürfnis nicht so scharf und drängend auftritt und eben nicht so konzentriert auf das Geschlechtsorgan, wie das bei Jungen der Fall ist. Niemand, der sich selbst befriedigt, hält das für die Erfüllung der Sexualität. Jeder wird empfinden die Vorläufigkeit und den behelfsweisen Charakter dieser Sexualbetätigung. Ihre Berechtigung hat die Selbstbefriedigung im Kennenlernen der eigenen seelisch-körperlichen Vorgänge.

Die Mädchen haben es in diesem Punkt offenbar leichter, denn es ist in unserer Gesellschaft nicht mißachtet und gilt nicht als unrein, wenn ein Mädchen sich z. B. nach dem Baden mit einem Öl den ganzen Körper einreibt und massiert, obwohl ich mir sicher bin, daß das auch sehr angenehme Gefühle, ja Lustgefühle schaffen kann. Und auch hier ist es wieder so, daß sie eben am ganzen Körper entstehen, während sie beim jungen Mann sich zunächst meist nur an der einen Stelle bemerkbar machen, jedenfalls solange er nichts Umfassenderes kennengelernt hat, auf das ich gleich zu sprechen kommen werde.

Für Jungen tritt also Sexualität schärfer ins Bewußtsein, ist dadurch aber auch isolierter vom anderen Erleben und von anderen Lebensvorgängen. Für einen jungen Mann hat seine Sexualität oft etwas Abruptes, etwas Plötzliches, sie ist, wenn er sich nicht besonders darum bemüht, viel weniger in sein zwischenmenschliches Empfinden eingebettet, als das bei den Mädchen der

Fall zu sein scheint, bei denen mehr die Qualität der Begegnung im Vordergrund steht. Begegnung hat für sie Vorrang. Und innerhalb einer schönen und zunehmend intimer werdenden Begegnung taucht dann auch das sexuelle Verlangen auf. Deshalb trennen Mädchen meist nicht zwischen Sexualität und Liebe. Während für einen Mann das nicht das Gleiche zu sein braucht. Männliche Sexualität kann sich auch ohne Liebe abspielen. Während Frauen meist nicht sexuell empfinden, wenn der sexuelle Vorgang nicht wenigstens in einem positiven Gefühlszusammenhang steht.

Dadurch haben nun die Mädchen den Jungen etwas voraus, das mich zu einer zweiten Behauptung führt:

Sexualität hat ihre Bedeutung durch das Interesse an einem anderen Menschen.

Wenn wir es einfach dabei belassen würden, wozu uns der biologische Trieb drängt, wäre Sexualität nichts weiter, als daß der Mann sich an der Frau befriedigt und die Frau sich am Mann befriedigt. Und wir empfinden alle, das wäre eigentlich ein bißchen wenig.
Meine zweite Behauptung heißt deshalb: Das

Schöne und Interessante und Beziehungsstiftende an der Sexualität ist nicht die eigene Sexualität, sondern die Sexualität des Partners bzw. der Partnerin. – Wie ist das gemeint? Sexualität steht immer in einem merkwürdigen Widerspruch. Wir erleben sie sehr stark in uns selbst, aber dabei brauchen wir ja nicht stehen zu bleiben. Sie ist uns ursprünglich aufgetragen worden, damit wir Leben weitergeben. Inzwischen hat sich der Mensch über diesen Auftrag, Leben weiterzugeben, bewußtseinsmäßig hinausentwickelt, und er ist nun in der Situation, daß die Sexualität ein Teil der menschlichen Begegnung werden kann. Was ergibt sich daraus? Sexualität ist auf jeden Fall und immer auf den anderen angelegt, die Partnerin, den Partner. Die körperliche Begegnung ist heute eine großartige Möglichkeit, zum Anderen aufzuwachen – und zwar eben wegen der eingangs geschilderten Verschiedenheit.

Solange man in der Sexualität nur der eigenen Befriedigung hinterher rennt, bleibt ein schaler Nachgeschmack. Man hat dann für sich etwas getan. Aber was hat man eigentlich für die Begegnung getan? Man hat eigentlich nur sich selbst genossen, aber den anderen aus dem eigenen Bewußtsein verloren, während man der eigenen Befriedigung hinterher gejagt ist. – An der Stelle sehen wir, daß zum bloßen Abschnurren des Triebes, des Instinktverhaltens, etwas den Vorgang Gestaltendes hinzukommen muß, damit aus dem Sex eine körperliche Begegnung mit einem anderen Menschen wird. Das Wesentliche an der Sexualität ist die Sexualität des Partners bzw. der Partnerin, habe ich gesagt, und ich habe ausgeführt, daß Mädchen und Frauen hier einen Vorsprung haben. Sich mit dem ganzen Körper des anderen befassen, aus liebevollem Interesse und zärtlich den ganzen Körper des anderen zu erkunden, seine Vorlieben, seine Reaktionsweisen, seine Eigenarten – das erst macht den Sex zu etwas Sozialem, Beziehungsstiftendem. All das, was an körperlicher Begegnung außerhalb, vor und nach dem eigentlichen Geschlechtsverkehr und auch unabhängig vom Geschlechtsverkehr in gegenseitiger Freiheit und Achtung möglich ist, läßt die Begegnung im Körperlichen entstehen. Jede Art von Zärtlichkeit, Schmusen, Tasten, Streicheln und Liebkosen des ganzen Körpers, verbunden mit der großen Achtung vor der Freiheit des anderen und seinem Selbstbestimmungsrecht, führen uns wirklich zum anderen Menschen hin.

„Über den Leib nach der Seele des anderen zu tasten", fragend und behutsam, das führt uns innerlich zusammen.

Daß ich also in der Sexualität den anderen nicht aus den Augen verliere, weil ich meine eigene Befriedigung suche, sondern daß ich gerade den anderen wahrnehme, ist dasjenige, was wir gestaltend zum biologischen Trieb und Instinkt hinzufügen können.

In diesem Zusammenhang ist es auch einmal hilfreich, wenn die Jungen versuchen, sich hineinzudenken in weibliches sexuelles Erleben und anders herum. Wenn die Jungen sich fragen, ob sie vielleicht auch weibliche Seiten haben, ob sie vielleicht auch einmal da hineinfinden können, daß das Aufnehmende und Empfangende, das Sich-weit-Öffnende für jemand anderes möglicherweise als etwas noch Unentwickeltes in ihnen auch verborgen liegt. Und wenn Mädchen sich fragen, ob sie vielleicht etwas nachempfinden können von dem Andrängenden, Eindringenden und Zupackenden der männlichen Sexualität, ob sie etwas Entsprechendes vielleicht in sich selbst finden könnten. – Dann wäre solche

Selbstbefragung schon einmal eine erste Brücke zum anderen Geschlecht hin und damit zu einer verständnisvollen, auf den anderen hin orientierten Sexualität.

Und man wird dann merken, daß der Unterschied gar nicht so absolut ist, wie ich ihn eingangs dargestellt habe. Dann gibt es nicht einfach die Sexualität von Männern einerseits und die Sexualität von Frauen andererseits, sondern dann stellen wir fest, daß es eine weibliche Seite und eine männliche Seite der Sexualität gibt und daß Frau und Mann durchaus, wenn sie sich darum bemühen, beides in sich haben, über beide Möglichkeiten verfügen können.

Welche Schlußfolgerung können wir also aus solchen Überlegungen ziehen? Wenn ich es schaffe in der Sexualität, daß ich mich weniger mit mir selbst beschäftige, sondern mehr mit dem Partner oder der Partnerin, und wenn wir das beide tun, dann können wir uns als Suchende begegnen. Gerade junge Menschen haben die große und schöne Chance, sich der Frage, was denn das Richtige für sie selbst in der Sexualität sei, mit größter Behutsamkeit zu nähern. Wenn Jugendliche also in Achtung der Freiheit des anderen gegenseitig ausprobieren, wenn sie als Noch-nicht-Könnende aufeinander zugehen, wenn sie nicht so tun, als wüßten und könnten sie schon alles, was auf diesem Gebiet möglich ist, wenn sie durch die Sexualität den ganz anderen Menschen suchen, im liebenden Interesse, statt nur seine oder ihre Geschlechtsorgane, und diesen Charakter des Suchens, Ausprobierens und Miteinander-Lernens auch leben, wenn sie sich körperlich begegnen – dann wird dies zur Erfahrung führen, die sie zu freien und selbstbewußten Menschen einerseits und verantwortungsbewußten Menschen andererseits in Fragen der Sexualität macht.

Zu dieser suchenden Haltung mag es auch gehören, daß man sich sehr genau überlegt, wie weit man gehen möchte und wann man überhaupt und mit wem und in welchem Lebensalter hier Erfahrungen machen möchte. Manche machen ihre ersten Erfahrungen sehr früh. Da ist es dann oft so eindeutig gar nicht gewollt. Andere wollen damit warten, bis sie älter sind. Das ist eine gute Möglichkeit, die ganze Angelegenheit in den eigenen Willen zu bekommen. Sie sollten, und das gilt besonders für die jungen Frauen, im Bereich der Sexualität niemals etwas tun, wo Sie nicht dahinter stehen. Die jungen Frauen sollten sich von niemanden diesbezüglich unter irgendeinen Druck setzen lassen.

Und die Jungen sollten sich auch nicht unter einem Druck sehen. Für beide Geschlechter ist auch eine gewisse Gefahr da, Sexualität für Dinge zu benutzen, mit denen sie gar nichts zu tun hat. So ist sie eben nicht dazu da, daß man sich oder anderen beweist, was man für ein Held ist. Sie ist auch nicht dazu da, daß man sie benutzt, um einen Freund an sich zu binden. Die verantwortliche Haltung diesem Lernfeld Sexualität gegenüber kann ein solches Vermischen von Zwekken mit der Sexualität eigentlich nicht zulassen.

Man ist nie fertig mit diesem Lernfeld Sexualität. Auch Erwachsene müssen sich immer wieder neu dazu einstellen, müssen immer wieder neu Wert und Bedeutung ihrer Sexualität innerhalb einer jeweiligen Beziehung entstehen lassen. Sexualität ist nicht das Abschnurren eines biologischen Programms, sondern Teil einer individuellen Begegnung. Sie kann sich deshalb mit jeder Begegnung ändern. Junge Leute brauchen sich deswegen nicht den Druck zu machen, möglichst rasch, möglichst umfangreich sexuelle Experten zu sein. Wir Erwachsene sind es auch nicht.

Weitere Schriften von Mathias Wais:

- Biographiearbeit – Lebensberatung. 3. Auflage, Stuttgart, 1996
- Individualität und Biographie. Stuttgart, 1994
- Ich bin, was ich werden könnte. 2. Auflage, Ostfildern, 1995
- Über den roten Faden im Lebenslauf des Menschen, 3. Auflage, Esslingen, 1996
- mit I. Gallé: Der ganz alltägliche Mißbrauch, Ostfildern, 1996
- Sinn und Unsinn der Ehe heute, Esslingen, 1997

In der Reihe Gesundheitspflege *initiativ* sind bisher folgende Bände erschienen:
(Fortsetzung)

Band 8: Gerhard Wehr
Die Mitte des Lebens
ISBN 3-932161-07-6

Band 9: Mathias Wais
Sinn und Unsinn der Ehe heute
ISBN 3-932161-08-X

Band 10: Peter Petersen
Unsere Wahrnehmung des Todes
ISBN 3-932161-09-2

Band 11: Michaela Glöckler
Krankheit und Schicksal
ISBN 3-932161-11-4

Band 13: Henning Köhler
Das biographische Urphänomen
ISBN 3-932161-13-0

Band 14: Mechtild Oltmann-Wendenburg
Die Emanzipation der Frau aus spiritueller Sicht
ISBN 3-932161-14-9